TACK/SCHANZE

MALTA

Jochen Tack/Ralf Schanze

MALTA

Insel der Lebensfreude

rosenheimer

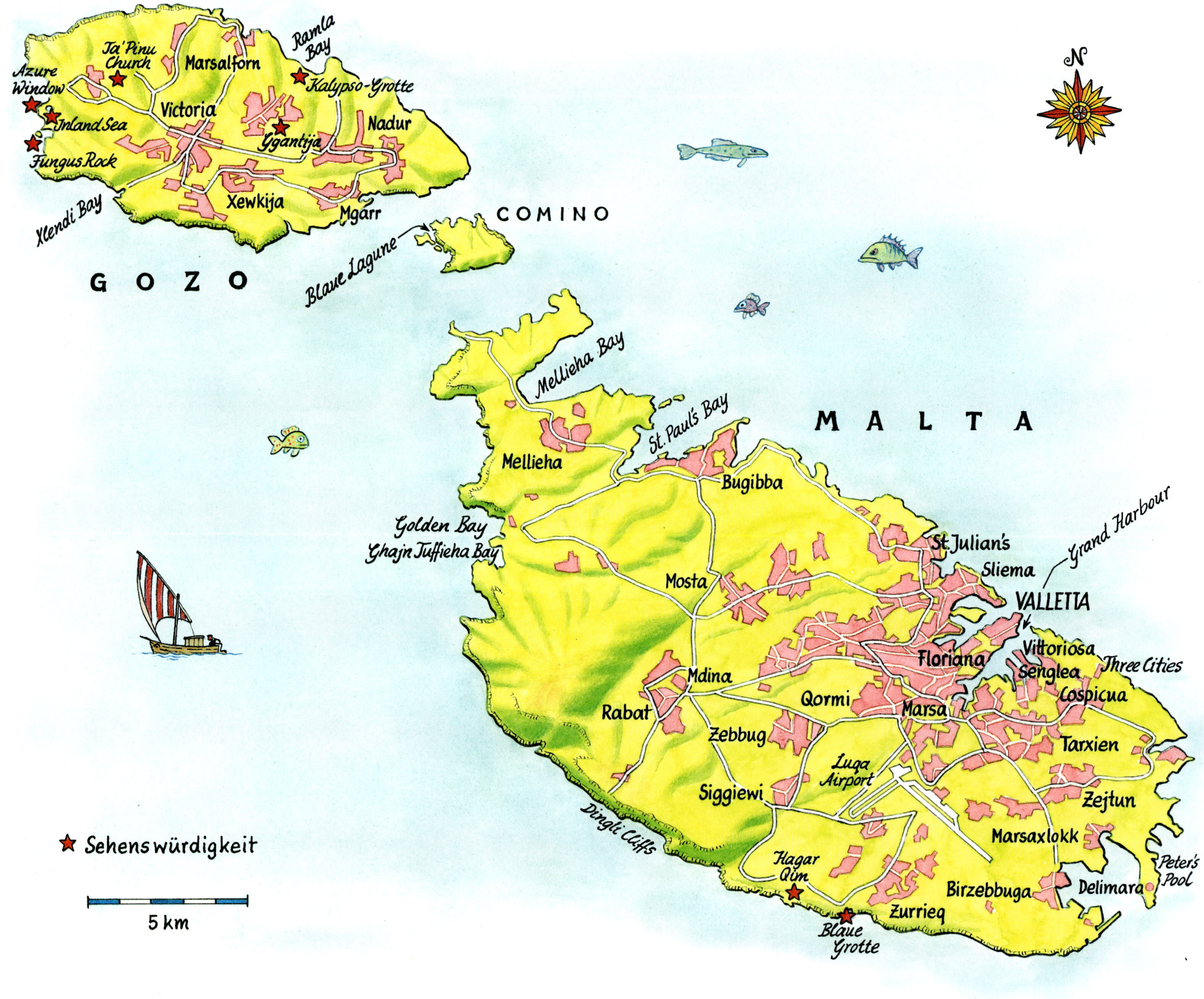

GOZO
COMINO
MALTA
Ramla Bay
Ta'Pinu Church
Marsalforn
Azure Window
Kalypso-Grotte
Victoria
Inland Sea
Ggantija
Nadur
Fungus Rock
Xewkija
Mgarr
Xlendi Bay
Blaue Lagune
Mellieha Bay
St. Paul's Bay
Mellieha
Bugibba
Golden Bay
Ghajn Tuffieha Bay
St. Julian's
Sliema
Grand Harbour
Mosta
VALLETTA
Vittoriosa
Three Cities
Floriana
Senglea
Mdina
Cospicua
Qormi
Rabat
Marsa
Zebbug
Tarxien
Luqa Airport
Siggiewi
Zejtun
Dingli Cliffs
Marsaxlokk
Hagar Qim
Peter's Pool
Birzebbuga
Delimara
Zurrieq
Blaue Grotte
Sehenswürdigkeit
5 km
N

Inhalt

Malta
Liebe auf den zweiten Blick

Malta – das wird jeder zugeben, den es zum ersten Mal auf diese 316 Quadratkilometer Land im Herzen des Mittelmeeres verschlägt – ist keine Liebe auf den ersten Blick. Schon aus den Flugzeugfenstern heraus betrachtet, gibt sich das Eiland zwischen Nordafrika und Sizilien ausgetrocknet und abweisend. Keine langen Sandstrände, nur unwirtlicher Fels, der meist steil in das dunkelblaue Meer abfällt. Dazwischen dichtgedrängt Städte, ein paar verschlafene Dörfer, aus denen pompöse Kirchtürme über die Dächer emporragen, und eine Handvoll Felder.

Vor rund 400 Jahren gab sich Malta nicht viel einladender. So schrieb die Johanniterkommission, die im Auftrag ihres Ordens im Jahre 1524 nach Malta kam, um die Insel als zukünftige Bastion der Kreuzritter zu erkunden, an ihre Glaubensbrüder: »Die Insel Malta ist ein Felsen aus weichem Sandstein, ungefähr sechs oder sieben Meilen lang und drei oder vier Meilen breit; der Felsboden ist von kaum mehr als drei oder vier Fuß Erdreich bedeckt. Auch dieses ist steinig und äußerst ungeeignet zum Getreideanbau. Bis auf ein paar Quellen im Landesinneren gibt es kein fließendes Wasser, nicht einmal Brunnen. Mit einem Wort, der Aufenthalt auf Malta scheint äußerst unangenehm, ja geradezu unerträglich zu sein, besonders im Sommer.«

Nun, die Johanniter-Ritter kamen trotzdem nach Malta. Sie haben es aber nicht bereut, denn die Insel wurde immerhin für mehr als 270 Jahre ihre Heimat. Eine Heimat, die sie im Jahre 1565 sogar in einer historischen Belagerung mit viel Glück, mit Leid, Blut und Vernichtung gegen die »ungläubigen Türken« verteidigten.

Die Ritter waren nicht die ersten, die Malta für sich in Beschlag nahmen. Römer, Byzantiner, Araber, Normannen, Kastilier – die Liste der fremden Herrscher liest sich wie ein »Who's who« der Weltgeschichte. Die Malteser haben es mit einer geradezu stoischen Gelassenheit hingenommen, daß ihre Insel als strategisch wichtiger Punkt im Herzen des Mittelmeeres ständig unter der Regie fremder Mächte stand. Daß sie sich dennoch eine eigenständige Kultur, vor allem ihre eigene Sprache, erhalten konnten, spricht für die Überlebenskunst der Malteser. »Leben und leben lassen« war ein Nenner, auf den man sich mit beinah allen Besatzern einigen konnte.

Beinah allen? Nur als die Johanniter ihre Bastionen 1798 kampflos den Truppen Napoleons übergeben mußten und die französischen Soldaten anschließend plündernd durch das Inselinnere zogen, wurde es den Maltesern zum ersten Mal in ihrer Geschichte dann doch zuviel. Kein Wunder also, daß die nächste fremde Macht auf Malta mit offenen Armen empfangen wurde. Mit den Briten kehrte zwei Jahre nach Napoleon ein neuer Wind in Vallettas Regierungsstuben ein. Die Inselbewohner lernten schnell ihre neuen Besatzer schätzen – und den britischen *way of life*. Seitdem gehören Schuluniformen, der Linksverkehr und die englische Sprache auf Malta zum Alltagsbild – bis heute.

Daran hat auch Dominic Mintoff, Maltas wohl bekanntester Premierminister, nichts ändern können. Nachdem er 1971 den obersten Posten in der maltesischen Politik übernommen hatte, lenkte er die 1964 in die Unabhängigkeit entlassene Insel zunehmend

auf Isolationskurs. Freundschaftsabkommen mit Libyen, der PLO, Nordkorea und China sowie die Kündigung des Truppenstationierungsvertrages mit Großbritannien drängten Malta auf die andere Seite der weltpolitischen Fronten. Im Jahre 1984 trat Mintoff nach zunehmender Kritik aus den eigenen Reihen zurück. Seitdem flirtet Malta immer heftiger mit der Dame Europa. Es scheint nur noch eine Frage der Zeit, bis der kleine Inselstaat einen weiteren Stern auf der blauen EU-Flagge darstellen wird.

Anfang 1995 hat Malta dafür sogar von einem auf den anderen Tag die Mehrwertsteuer eingeführt. Die Klagen der Bevölkerung über den ebenso plötzlichen wie drastischen Preisanstieg hielten sich in Grenzen. Denn man weiß, daß Malta von der EU ungemein profitieren kann, während man selbst nicht viel zu bieten hat. Zu den wenigen Industriebranchen, die über Maltas Küsten hinaus Weltruf genießen, gehören die Docks und Werften im Grand Harbour.

Die Docks haben im Zweiten Weltkrieg traurige Berühmtheit erlangt. Die deutsche und italienische Luftwaffe flogen zwischen 1940 und 1942 beinah pausenlos Luftangriffe auf den damals immer noch strategisch wichtigen Hafen. Rund 80 Prozent der Altstadt von Valletta wurden dabei zerstört, Tausende von Menschen starben. So wiederholte sich rund 400 Jahre nach der Belagerung durch die Türken ein Stück Geschichte: Das Unglück für Valletta, diese jahrhundertelang uneinnehmbare Festung mit ihren himmelhohen, dicken Mauern, kam jedoch dieses Mal nicht von See, sondern aus der Luft. Darauf waren die alten, trutzigen Barrikaden nicht vorbereitet.

Die Festung Malta wankte bedrohlich, aber sie fiel nicht. Die Alliierten hielten Malta und starteten später von hier aus ihre Invasion Richtung Sizilien. Für ihre große Tapferkeit und ihren Durchhaltewillen bekamen die Malteser 1943 von König Georg VI. das George Cross verliehen. Wie stolz die Malteser auf diese Auszeichnung sind, beweist auch die Tatsache, daß sie das George Cross sogar in ihrer rot-weißen Staatsflagge führen (und nicht das Malteser-Kreuz, wie viele Touristen immer wieder annehmen).

Rund 50 Jahre später, im Mai 1995, feierte Malta das Ende des Zweiten Weltkrieges. Natürlich mit den alten Freunden. Der britische Flugzeugträger »HMS Illustrios« läuft, begleitet von Salutschüssen, in den Grand Harbour von Valletta ein. Am Geländer der Upper Barracca Gardens stehen Schulter an Schulter alte Kriegsveteranen und junge Malteser und beobachten, wie der Schiffskoloß langsam an die Kaimauer manövriert. Eine maltesische Kapelle intoniert schmissig »God save the Queen«. Eifrig klicken die Kameras der Touristen, die zwischen den Insulanern das Spektakel verfolgen.

Die Gäste in Bermudashorts und Badelatschen, die heute durch Vallettas Altstadtgassen schlendern, kommen vornehmlich aus dem verregneten Deutschland oder aus dem nebligen England. Sie sind mittlerweile zu Maltas wichtigster Einnahmequelle geworden. Der Tourismus auf den »Heiligen Inseln« – so Maltas eigener Werbeslogan – boomt. Tendenz steigend. In Maltas Tourismusprogramm werden Kultur und Bildung jedoch von jeher größer geschrieben als Sonne und Meer. Wer sich nicht für die faszinierenden Steintempel der alten Megalithkultur interessiert, der paukt in Sliema und Umgebung englische Vokabeln und Grammatik. Denn es gibt in Europa keinen sonnigeren Ort, um das *learning by doing* der englischen Sprache angenehmer zu praktizieren. Insgesamt 25 Sprachschulen unterrichten auf Malta jedes Jahr über 30 000 Schüler zwischen sechzehn und sechzig.

Die meisten der Sprachschüler sind »Wiederholungstäter«: Sie kommen wieder. Denn sie haben Malta liebengelernt: die Straßenschluchten Vallettas mit ihren pittoresken hölzernen Erkern, die »Stille Stadt« Mdina, die einsamen Felsbuchten mit türkisgrünem Wasser, das verschlafene Gozo, die bunten Fischerboote in Marsaxlokk, die gastfreundlichen Malteser, die berauschenden Festas und die sagenumwobenen Steintempel...

Rot, Braun, Grün, Ocker: Maltas Landschaft hat viele Farbfacetten.

Vorhergehende Doppelseite:
Blick über Ta'Xbiex und den Marsamxett Harbour auf die Altstadt von Valletta. Links Manoel Island mit dem alten Fort Manoel.

Gesichter einer Insel: sonnengegerbt, aber immer mit einem Lächeln.

Links oben: Feierlich und romantisch – Festa-Prozession im Abendlicht.
Rechts oben: Maltas Kalkstein wird direkt aus dem Fels geschnitten.
Links unten: Typisch Valletta – Straßenschlucht mit hölzernen Erkern.
Rechts unten: Mondaufgang über einem ehemaligen Militärkrankenhaus in Kalkara.

Osirisaugen an einem Fischerboot: schön bunt, aber blind.

Geheimtip Gozo: grandioses Theater der Natur am Fungus Rock.

Feste feiern ist auch eine Kunst: Malteser beherrschen sie vorzüglich.

Valletta
Strassenschach vom Reissbrett

Da war doch was? Genau, da hinten zwischen den beiden grünen Erkern am Ende der Altstadtgasse. Schiebt sich da nicht langsam der Aufbau eines Kreuzfahrtschiffes hindurch? Optische Täuschung, Verwirrspiel der Sinne? Nein. In Vallettas Altstadt kann man solche Szenen jeden Tag beobachten. Maltas traditionsreiche Hauptstadt wurde nämlich Mitte des 16. Jahrhundert mit mathematischer Akribie auf dem Reißbrett geplant: Wie ein Schachbrett durchziehen neun Straßen längs und zwölf in der Breite die nur 3 Kilometer lange und 700 Meter breite Landzunge der Halbinsel Sciberras. So entstehen langgezogene, auf- und abwellende Straßenschluchten, an deren Ende – je nach Blickwinkel – am Horizont das Tintenblau des Meeres und manchmal auch ein Ozeanriese aufblitzt. San Francisco läßt grüßen.

Aus der Vogelperspektive sieht die Stadt noch beeindruckender aus. Es scheint so, als würde sich Valletta selbst wie der riesige Bug eines alten Dampfers zwischen Sliema und Vittoriosa in das Mittelmeer schieben. Umgeben ist die Altstadt von dicken, trutzigen Festungsmauern und dem 15 Meter tiefen Festungsgraben Great Ditch.

Valletta verdankt seine Existenz einem der blutigsten Gemetzel in der Geschichte des Mittelmeerraumes. Als der türkische Sultan Soliman der Prächtige im Jahre 1565 mit 40 000 Janitscharen und Söldnern Malta angriff, wurden die Johanniter von dieser Attacke vollkommen überrascht. Die Ritter hatten mit einem Angriff von See gerechnet. Doch die Türken landeten bei Marsaxlokk und beschossen vom Land aus massiv das Fort St. Elmo und das heutige Vittoriosa. Nach dem glücklichen Sieg über die Türken beschloß Jean Parisot de La Valette, der damalige Großmeister des Johanniterordens, eine neue, besser befestigte Stadt zu bauen. Um in Zukunft vor feindlichem Kanonenbeschuß geschützt zu sein, sollte die neue Stadt genau an dem Ort angelegt werden, von dem aus die Türken die Verteidiger aufs Korn genommen hatten.

Der Grundstein für Valletta, benannt nach seinem Gründer, war damit gelegt. Niemals zuvor war in Europa eine Stadt in dieser Form quasi aus dem Boden gestampft worden. In nur fünf Jahren war Valletta fertig – eine für damalige Verhältnisse einmalige Leistung. Der päpstliche Baumeister Francesco Laparelli, der die Stadt für den Johanniterorden plante, hatte an jedes Detail gedacht. Während die meisten Metropolen Europas im Müll erstickten, bekam Valletta eigene Abfallbeseitigungsschächte und Abwasserkanäle.

Vallettas pulsierendes Herz ist die Republic Street, die sich, vorbei an dem von Straßencafés gesäumten Republic Square, quer durch die Stadt erstreckt. Um Truppen und Kriegsgerät möglichst schnell verlegen zu können, war sie damals besonders breit angelegt worden. Heute ist sie eine Flaniermeile: Hier geht es zum Shopping oder zum Sehen und Gesehenwerden den ganzen Tag über auf und ab. Immer wieder, bis sich die Dunkelheit über die engen Gassen legt. Dann tauchen in den Upper Barracca Gardens die ersten Liebespaare auf. Beim Schmusen auf der Holzbank hat man nämlich einen prächtigen Blick auf den Grand Harbour. Den Rittern sei Dank. Oder den Türken?

Landestypische Architektursymmetrie: Holzerker-Fassade in Valletta.
Vorhergehende Doppelseite: Historische »Skyline« – die Altstadt von Valletta mit der runden Kuppel der St.-Paul's-Kathedrale und dem spitzen Turm der Karmeliterkirche.

Großes Angebot auf kleinem Raum: Tabak- und Zeitschriftenhändler in der Altstadt von Valletta.

Links oben: Diese Augen in Vallettas Altstadt sehen alles.
Rechts oben: Von der Vedette in Senglea ist die Aussicht auf Valletta besonders beeindruckend.
Links unten: Morgenspaziergang in den Upper Barracca Gardens.
Rechts unten: Auf dem Republic Square ist immer was los.

Unter Wieseln und Schnecken
Autofahren auf maltesisch

Der Verkehr auf Malta ist wahrlich ein Thema für sich. Selbst der abgebrühteste europäische Autofahrer, der einen Kreisverkehr in Paris ohne Beulen überstanden hat, wird auf Malta ganz neue Erfahrungen machen.

Eigentlich gibt es nur zwei Fahrweisen, die die Malteser allerdings besonders intensiv ausleben. Da ist zunächst die Schnecke. Sie zockelt auf der Überholspur in einem vierrädrigen Vorkriegsmodell daher, dessen technischer Zustand jedem deutschen TÜV-Prüfer sofort einen Herzstillstand bescheren würde. Die Schnecke redet viel während der Fahrt und gestikuliert wild mit beiden Händen. Auf Hupsignale ihrer Hinterleute reagiert sie grundsätzlich nicht mit einer Erhöhung der Geschwindigkeit. Das Temperament der Schnecke erinnert insgesamt an einen altersschwachen Oxford-Lehrer, der seinen »Fünf-Uhr-Tee« so lange hat ziehen lassen, bis er fast narkotisierende Wirkung hat.

Ganz anders dagegen das listige Wiesel. Meist ausgestattet mit einem modernen Fernostvehikel, zeichnet es sich durch seine Waghalsigkeit und Raffinesse aus. Keine Lücke im fließenden Verkehr ist zu klein, um sich nicht rücksichtslos mit zwei Stoßstangen dazwischenzurammen. Kein Vordermann ist schnell genug, als daß er nicht auf einer unübersichtlichen Landstraße überholt werden könnte. Das Wiesel rast mit einer Ungeduld und Geschwindigkeit durch Vallettas Vorstädte, als hätte es zum Aufputschen vor der Fahrt drei Espressos getrunken.

Unter Wiesel und Schnecken mischen sich nun allerlei Touristen, die zum ersten Mal in ihrem Leben auf der Beifahrerseite das Lenkrad in die Hand nehmen müssen. Als Warnung vor unkontrollierten Abbiegemanövern ausländischer Verkehrsteilnehmer hat man sämtliche Touristenwagen mit gelben Nummernschildern gekennzeichnet. Was in Miami der Einladung zum Raubüberfall gleichkäme, »outet« auf Malta jeden Auswärtigen schon beim Verlassen des Flughafenparkplatzes als Greenhorn im Kräftemessen zwischen Wiesel und Schnecke.

Und dann sind da natürlich noch die Busfahrer. Ihre museumsreifen Bedfordbusse mit den glänzenden Chromstangen sind in der Regel noch älter als die Fahrer selbst. Jeder Busfahrer hat zudem seine eigene »message«: Auf den Windschutzscheiben prangen Sprüche wie »Get out of my way«, »Let me pass« oder »Jesus loves me«. Damit der liebe Gott auch wirklich auf allen Touren seine schützende Hand über die altersschwachen Busse hält, haben die Fahrer in der Regel sicherheitshalber noch über ihrem Sitz Madonnenbilder befestigt. Man kann ja nie wissen.

Den maltesischen Fahrgästen scheint dieser göttliche Beistand jedoch bei weitem noch nicht auszureichen. Wie ist es wohl sonst zu erklären, daß sich jeder neu zugestiegene Gast zunächst einmal bekreuzigt, bevor er auf den hart gefederten Sitzen Platz nimmt? Vielleicht werden die Bremsen ja doch nicht mit dem gleichen Aufwand gewartet, mit dem die Chromstangen poliert werden. Wer weiß!

Und dennoch: eine Überlandfahrt mit einem maltesischen Bus ist ein Erlebnis der besonderen Art. Wer sich traut, sollte auch ruhig mal einen Leihwagen mieten. Viel Glück – und schöne Grüße an das Wiesel und die Schnecke!

Chromglanz im Sonnenlicht: Maltas Busse sind eine Klasse für sich.

Links: Auch mit ungewöhnlichen Verkehrsmitteln kommt man auf Malta ans Ziel.

Rechts: Ein Kutscher und sein Karrozzini-Gespann.

Links oben: Feuerwerk über dem Lichtermeer des Grand Harbour.
Rechts oben: Fischer vor der Kulisse von Kalkara.
Links unten: In Vittoriosa sind die Einheimischen noch unter sich.
Rechts unten: Kirchenkuppeln im Häusermeer der »Three Cities«.

Three Cities
Drei Städte, ein Hafen

»Für Iris, Agnes und Thommy, 11, 9 und 6 Jahre alt, gestorben bei einem Luftangriff am 30.4.1941«, steht auf der Schleife eines schlichten Kranzes, den jemand am Kriegsdenkmal vor der Kirche von Senglea niedergelegt hat. Auch 50 Jahre nach dem Ende des Zweiten Weltkrieges sind die Erinnerungen der Bewohner von Senglea und Cospicua an die schrecklichen Bombardements von damals nicht erloschen. Die beiden Städte auf der Ostseite des Grand Harbour, gegenüber Valletta, gelten als Symbol des maltesischen Widerstandes. Von Januar bis Juni 1942 warf die deutsche Luftwaffe rund 6700 Tonnen Bomben über dem Grand Harbour und den angrenzenden Städten ab. Wie wichtig die kleine Insel Malta im Zweiten Weltkrieg war, verdeutlicht eine Eilbotschaft, die Generalfeldmarschall Rommel nach Berlin sandte: »Ohne Malta werden die Achsenmächte den Krieg verlieren, weil sie Nordafrika nicht werden halten können.«

So kam es. Der Durchhaltewille der Malteser und der britischen Truppen auf Malta brachte dem Kriegsgeschehen im Mittelmeerraum die Wende. Senglea und Cospicua brachte er Leid und Verwüstung. Der Wiederaufbau geschah mit wenig Fingerspitzengefühl.

In den Blick auf das Heer von Hausantennen mischen sich die Arme der riesigen Hafenkräne. Ganz dicht neben den Häusern legen hier die großen »Pötte« der Weltmeere zu Reparaturarbeiten in den Drydocks an. Fast scheint es so, als könnten sich die Kapitäne der Schiffe und die Hausfrauen auf den Balkons der Häuser am Kai die Hand reichen. Ein bizarres Bild.

Der geschützte Naturhafen zwischen Valletta und den beiden gegenüberliegenden Landzungen hatte für Malta von jeher große Bedeutung. Wahrscheinlich verdankt die Insel ihm sogar ihren Namen, denn im Phönizischen bedeutet »malet« soviel wie »Schutz« oder »sicherer Platz«. Das erkannten auch die kriegserfahrenen Johanniter, als sie nach Malta kamen. Deshalb ließen sie sich nicht in der damaligen Hauptstadt Mdina nieder, sondern in Birgu, dem heutigen Vittoriosa – der dritten im Bunde der »Three Cities«. Die schmale Landzunge mit dem vorgelagerten Fort St. Angelo wurde unter der Regie der Ritter großzügig ausgebaut und erhielt zahlreiche prachtvolle Paläste, Kirchen und Befestigungsanlagen. Erst nach der großen Belagerung durch die Türken verlegten die Johanniter ihren Hauptsitz nach Valletta. Birgu erhielt als Lohn für seine Tapferkeit den neuen Namen »Vittoriosa«, »die Siegreiche«. Aber die Malteser haben sich bis heute nicht mit dem neuen Namen anfreunden können und nennen den traditionsreichen Stadtteil immer noch Birgu.

Den Charme und die Ausstrahlung der Ritterepoche hat Vittoriosa schadlos über die Zeit gerettet. Doch nur wenige Touristen finden den Weg hierher, und so wirkt das Treiben in den Gassen rund um den hübschen Kirchplatz noch recht ursprünglich. Ein paar alte Männer schauen aus den Bars einer Gruppe Jungen beim Fußballspielen zu, der Pfarrer eilt in seiner prächtigen Soutane hinüber zum Gotteshaus, aus einem geöffneten Fenster hört man leise eine Frauenstimme singen. Ein Stück Leben an den Wurzeln Maltas!

NO SMOKING
4669

ct
20
20

Geduldsarbeit für starke Arme: Vor der Silhouette von Vittoriosa wird ein Riesentanker frisch angemalt.

Vorhergehende Doppelseite: Da blickt keiner mehr durch – Hafenkräne und Häusermeer am Grand Harbour.

Stillgestanden zum Bewundern: die einen staunen über den Flugzeugträger, die anderen über Vallettas Flair.

Venedig könnte nicht schöner sein: die Altstadt von Vittoriosa im Abendlicht.

Ein ganz normaler Sonntag in Marsa
Trabrennen und Wettfieber

Sonntag ist Renntag in Marsa. Noch ist es alles still. Müde wischt der dicke Kellner in der Bar nahe dem Rennbahntor über die abgewetzten Holztische. Ein alter Mann mit einem kalten Zigarettenstummel im Mundwinkel steht an der Wand neben einem Stall. Langsam schiebt er die Mütze in den Nacken und spuckt einmal auf den staubigen Boden. In der Ferne wiehert ein Pferd. Sonst ist es ruhig in der verschlafenen Vorstadt von Valletta. Nichts unterscheidet diese Sonntagmorgen-Lethargie von der anderer Städte und Dörfer auf Malta.

In Marsa befindet sich die einzige Trabrennbahn der Insel. Das Trabrennen und das Wettfieber sind zwei Leidenschaften, die die Malteser – wie so vieles – von den Briten geerbt haben. Leidenschaften, denen sie allerdings – gar nicht britisch – auf ihre eigene Art frönen.

Schon bald füllt sich die kleine Gasse zwischen der Rennbahn und der Bar mit Leben. Grell geschminkte Teenie-Mädchen in schicken Kleidern aus den Boutiquen von St. Julian's und Sliema schlendern auf und ab. Die sonnengegerbten Männer vom Land haben extra das gute weiße Hemd vom Bügel genommen, auch wenn der Kragen im Laufe der Jahre von den harten Bartstoppeln ganz abgewetzt erscheint.

Der Polizist in der viel zu engen und viel zu kurzen dunklen Uniform weist den ersten Touristen den Weg zu den Parkplätzen. Langsam füllt sich die schäbige Betontribüne der Rennbahn mit Menschen. Abgezockte Wetter mit Goldkettchen kramen dicke Bündel von Geldscheinen aus der Jackentasche und eilen noch schnell zum Wettschalter. Ein Greis mit Krückstock zieht eine alte Stoppuhr aus der verschlissenen Hose. Aus den Lautsprechern werden von einer krächzenden Stimme die Namen für das nächste Rennen angesagt. In der brütenden Hitze vermischt sich der Gestank von Schweiß, Stroh, Mist und billigen After-shaves.

Endlich geht es los. Die vierbeinigen Gladiatoren des staubigen Ovals ziehen ihre ersten Runden. Als sie auf die Zielgerade einbiegen, brodelt es in der Menschenmasse auf der Tribüne. Die abgezockten Wetter brüllen, die Mädchen in den hübschen Kleidern kreischen, der Greis an der Bande blickt mit sorgenvoller Miene auf seine Stoppuhr. »Go, go, go, come on!« schallt es von der Tribüne, dazwischen ein paar maltesische Flüche. Mit weitaufgerissenen Augen und schweißnassen Körpern jagen die Pferde durchs Ziel. Aus, vorbei! Die Jockeys wischen sich den Staub aus den Gesichtern. Zwei Wetter hauen sich lachend auf die Schulter, der Polizist in der zu engen Uniform zerreißt schweigend seine Wettscheine und läßt die Schnipsel achtlos zu Boden segeln. Auf ein neues, irgendwann wird es schon noch klappen!

So geht es noch ein paarmal an diesem Sonntag in Marsa. Dann ist es plötzlich wieder ruhig an der Rennbahnmauer. Der dicke Kellner serviert einigen Zockern die letzten Biere. Man diskutiert gestenreich die spektakulärsten Zieleinläufe des Tages. Dann torkeln auch die letzten Wetter langsam nach Hause. Der dicke Kellner wischt noch einmal über die Tische und fegt die Kippen, die vor den Tresen liegen, auf die Straße.

Nächsten Sonntag ist wieder Renntag in Marsa.

Go, go, go: Das Wettfieber macht in Marsa vor keinem halt.

Bitte lächeln: ein Traber aus Marsa und sein stolzer Besitzer.

Mit dem Pferdegespann zur nächsten Dorfkneipe: Auf dem Sulky ist die Promillegrenze schnell vergessen.

Die Nordküste
Von Paulus zu den Schickimickis

»Und da sie auf eine Sandbank gerieten, ließen sie das Schiff auflaufen, und das Vorderschiff blieb fest stehen, aber das Hinterschiff zerbrach von der Gewalt der Wellen. Und als wir gerettet waren, erfuhren wir, daß die Insel Malta hieß. Die Leute aber erzeigten uns nicht geringe Freundschaft, zündeten ein Feuer an und nahmen uns alle auf um des Regens, der über uns gekommen war, und um der Kälte willen.«

So steht es geschrieben in der Apostelgeschichte über das Jahr 59 nach Christus, als der Apostel Paulus von einer römischen Militäreskorte nach Rom gebracht werden sollte. In der Hauptstadt des Imperiums plante man, ihm wegen Ketzerei den Prozeß zu machen. Das Schiff kenterte jedoch im schweren Sturm und soll bei der heutigen St. Paul's Bay gestrandet sein. Paulus wurde, spätestens nachdem er auf wundersame Weise den Vater des römischen Statthalters auf Malta geheilt hatte, von den Inselbewohnern abgöttisch verehrt. Heute erinnert auf St. Paul's Island eine große Paulus-Figur, die mit ihren weit ausgestreckten Armen die unendliche Weite des Meeres zu umarmen scheint, an diese Geschichte.

Wenn der gute Paulus heute noch einmal an diesem Küstenabschnitt stranden müßte, würde er sich bestimmt verwundert die Augen reiben, denn im Laufe der Zeit hat sich gerade im Norden Maltas doch einiges verändert. In den letzten zwei Jahrzehnten hat der Touristenboom hier deutlich seine oft etwas zweifelhaften Spuren hinterlassen.

An dieser Küste gibt es nicht mehr Strand als an anderen Orten Maltas, aber die Küste fällt sanfter als andernorts ins Meer ab. Der zweifellos beste Platz zum Baden ist die breite Mellieha Bay im Norden. Im Sommer tummeln sich auf dem weißen Sand – vor der Kulisse des gleichnamigen Dörfchens – Handtuch an Handtuch die Sonnenanbeter. Im seichten, türkisgrünen Wasser ankern ein paar weiße Segelyachten, kleine Kinder planschen vergnügt in den Wellen. Ein hübsches Plätzchen für einen »sunny, lazy afternoon«.

Abends geht's dann ostwärts Richtung Sliema und St. Julian's, zweifellos die führenden Touristenhochburgen der Insel. In der Bucht von St. Julian's dümpeln wenigstens noch eine Handvoll bunter Fischerboote und zaubern für die Gäste auf den umliegenden Restaurantterrassen eine pittoreske Postkartenidylle. Gut gestärkt kann man sich dann in den Bars und Discos von St. Julian's und Sliema in das Nachtleben stürzen. In den »Zappelschuppen« rund um Sliema wird man auf dem Tanzparkett garantiert die Insel-Schönen treffen, denn der weiterhin wachsende Touristenort gilt auch bei den Einheimischen als absolut »in«. Wer etwas auf sich hält und das auch zeigen will, wohnt in einem der Appartements in Sliema. Nicht umsonst werden die Einwohner des Ortes inselintern gern als »tal-pepè«, als »Angeber«, tituliert.

Die Küstenstraße »The Strand« ist die pulsierende Lebensader Sliemas. Bars mit britischem Ale, Kneipen mit deutschem Weizenbier, Crêperien mit französischem Naschwerk und natürlich die amerikanische Fast-food-Kost – in Sliema gibt es nichts, was es nicht gibt. Bis spät in die Nacht locken die grellbunten Neonreklamen ihre Kundschaft an. Wenn das der gute Paulus noch sehen könnte…

Postkartenidylle wie aus dem Bilderbuch: Hafenkulisse des lebhaften St. Julian's.

Vorhergehende Doppelseite: Auf St. Paul's Island erinnert eine Statue an das schicksalhafte Schiffsunglück des heiligen Paulus.

Alt und neu als Nachbarn: Die modernen Appartements neben der Altstadt von Sliema gelten auf Malta als Topadresse zum Wohnen und Arbeiten.

Irgendwo auf dem Lande: Die kleinen Felder werden mit mühsam aufgeschichteten Mäuerchen gegen Wind und Wetter geschützt.

Küste, so weit das Auge reicht: Im Nordosten fällt die Landschaft sanft und flach in das Blau des Meeres ab.

Links oben: Petri Heil am »Strand« von Sliema mit Blick auf Valletta.
Rechts oben: Maltas Friedhöfe sind eine Besichtigung wert.
Links unten: Die Landwirtschaft ist auf der Insel ein hartes Geschäft.
Rechts unten: Früher Residenz einer kirchlichen Bruderschaft, heute Hotel – Selmun Palace über der St. Paul's Bay.

Grosse Kirchen für kleine Dörfer
Die Malteser und die Religion

»Wären Priester Bäume, dann wäre Malta ein schattiger Ort«, meinte einmal der Schriftsteller George Bernard Shaw. Treffender kann man die Stellung von Kirche und Religion auf Malta kaum in Worte fassen. Andere bemühen dafür die nüchternen Zahlen der Statistik. Es wurde beispielsweise errechnet, daß durchschnittlich auf jedem Quadratkilometer der Insel ein Gotteshaus steht. So dürfte es der Malteser also nicht allzu weit bis zum nächsten Gotteshaus haben – denn immerhin gehen rund 73 Prozent aller Malteser regelmäßig zur Predigt. Damit stellt das kleine Inselvölkchen sogar die wahrhaft streng katholischen Italiener, die es auf nur 25 Prozent bringen, klar in den Schatten.

Maltas Kirchen werden zu jeder dorfeigenen Festa mit bunten Glühbirnen illuminiert, die meist über das Fest hinaus das ganze Jahr lang an der Fassade hängen. Doch sie sind nicht nur zum Zeitpunkt der »Festas« herausgeputzte Schmuckstücke. Jedes Dorf besitzt ein Gotteshaus, das selbst dem Vatikan Konkurrenz machen könnte. Jedenfalls stehen sowohl die dritt- als auch die viertgrößte Kuppelkirche der Welt auf Malta beziehungsweise Gozo – übertroffen lediglich vom Petersdom in Rom und der Hagia Sophia in Istanbul. Die Kuppelkirche in Xewkija auf Gozo mißt stolze 86 Meter Kuppelumfang bei einer Höhe von 75 Metern, die Rotunde in Mosta bringt es auf einen Durchmesser von 52 Metern und eine Höhe von 60 Metern. Daß die Einwohnerzahl von Xewkija bei weitem nicht ausreicht, um die Bänke des pompösen Baues bei einem Gottesdienst zu füllen, stört die Einheimischen nicht im geringsten.

Charakteristisches Merkmal beinah aller maltesischen Gotteshäuser sind die beiden Türme, die das Eingangsportal flankieren. Viele tragen zwei Uhren, von denen eine jedoch die falsche Zeit anzeigt; das soll den Teufel in die Irre führen.

Ein besonders eindrucksvolles Gotteshaus steht auf Gozo. Die Wallfahrtskirche Ta' Pinu verdankt ihre Entstehung der Bäuerin Carmela Grima. Sie hatte im Juni 1833 in einer kleinen Kapelle die Stimme der heiligen Maria vernommen. Als sich die Wunderheilungen dort mehrten, sammelten die Gozitaner Geld für eine prächtigere Kirche, die 1931 geweiht und ein Jahr später von Papst Pius XI. zur Basilika erhoben wurde. Papst Johannes Paul II. stattete der abseits auf dem Land gelegenen Kathedrale im Mai 1990 einen Besuch ab. Eine kleine Diawand links neben dem Eingang zeugt noch heute von dem aufsehenerregenden Besuch des Heiligen Vaters auf der Insel.

Man sollte außerdem nicht versäumen, sich die zahllosen Votivgaben von Ta' Pinu in einem Raum hinter dem Altar anzusehen. Über und über sind die Wände mit verblichenen Schwarzweißfotos gespickt. Mit rostigen Heftzwecken sind andere Weihgaben dazwischengesteckt, die einen rührenden Eindruck von der Dankbarkeit der geretteten und geheilten Gläubigen vermitteln. Da hängen zum Beispiel eine blonde Kinderlocke, eine zerfetzte Soldatenkappe, sogar Krücken und Gehprothesen findet man. Darunter mit kritzeligen Handschriften kurze Geschichten des Lebens: traurig, ermutigend, erschreckend – ein aufgeschlagenes Buch menschlicher Schicksale.

Maltas Kirchenbänke sind immer gut gefüllt: Die Insulaner gelten als besonders fromme Christen.

Platz für 12 000 Gläubige: Die mächtige Rotunde von Mosta ist eine der größten Kuppelkirchen der Welt.

Kleine Damen ganz in Weiß: Die kirchlichen Feste, wie die Erstkommunion, gehören zu den Höhepunkten des gesellschaftlichen Lebens auf Malta.

Links oben: die prachtvolle Kuppel der Kathedrale St. Peter und Paul in Mdina.
Links unten: Prozession in Tarxien.
Rechts: »Haben Sie schon gehört …« – Klatsch mit dem Geistlichen.

Zeitreise in die Vergangenheit: Im schummrigen Licht der Laternen gibt sich die »Stille Stadt« Mdina besonders geheimnisvoll.

Mdina
Die Stille Stadt

Klack, klack, klack. Jeder Schritt der jungen Malteserin, die abends auf hochhackigen Schuhen durch Mdina geht, wird als Echo von den Mauern der Häuser und Paläste zurückgeworfen. Ein paar schwach schimmernde Laternen tauchen die Szene in geheimnisvolles Licht. Von einem Dach schwingen sich zwei Tauben in den schwarzen Himmel. Klack, klack, klack – allmählich verhallt das Stakkato der Absätze irgendwo in einer dunklen Gasse. Endlich ist Ruhe in der »Stillen Stadt«, wie Mdina auch oft genannt wird. Beinah scheint es so, als wollten die alten Mauern nun auf Distanz gehen zu dem Trubel, den die Touristen tagsüber dem kleinen Ort bescheren.

Was die Urlauber in Scharen anzieht, ist die Geschichte einer Stadt, die, älter noch als Valletta, eindringlich die Vergangenheit Maltas widerspiegelt. Herrscher verschiedener Völker waren von Mdinas einzigartiger Lage auf dem nach mehreren Seiten abfallenden, 185 Meter hohen Dingli-Plateau im Zentrum der Insel fasziniert. Eine Verteidungsanlage von Mutter Natur, wie sie sich der genialste Baumeister nicht besser hätte ausdenken können. Umgeben von Mauern und Wällen (Mdina bedeutet »die von Mauern umgebene Stadt«), zwischen denen sich die Häuser eng um die hoch aufragenden Türme der Kathedrale St. Peter und Paul drängen.

Die Römer, die Phönizier, die Franzosen – sie alle waren hier. Sie haben Mdina mehr oder weniger ihren Stempel aufgedrückt und ihre Geschichten hinterlassen. Wie zum Beispiel die der großen Belagerung durch die Türken. Damals haben die Bewohner Mdinas nicht nur die lebenswichtige Verbindung zum Festland aufrechterhalten, sondern auch einen überaus wirkungsvollen Guerillakrieg gegen die Soldaten des Sultans geführt. Nach dem Fall des Forts St. Elmo wurde auf den Wällen Mdinas jeden Tag weithin sichtbar ein türkischer Gefangener gehängt. Das soll den Gegner entscheidend demoralisiert und so zum Gesamtsieg der christlichen Ritter beigetragen haben. Eine andere Anekdote berichtet davon, daß die Bewohner Mdinas 1798 den Oberbefehlshaber der Franzosen, General Masson, nach der Plünderung des Karmeliterklosters kurzerhand vom Balkon eines Hauses geworfen haben. Der Tod des Generals gab das endgültige Zeichen zum Aufstand gegen die verhaßten Franzosen.

Die fremden Herrscher und ihre Soldaten kamen und gingen – aber die Zeit scheint hinter den Stadtmauern stehengeblieben zu sein. Ob Nacht oder Tag – wer das triumphbogenartige Haupttor durchschreitet, beginnt mit dem Stadtrundgang eine Zeitreise in die Vergangenheit. Keine bunte Neonreklame, keine Autos stören die Idylle Mdinas. Nur ein paar »karrozzini«, die typisch maltesischen Kutschen, rumpeln langsam vorbei. Eine Gruppe Kinder turnt auf den dicken Bronzekanonen vor der St.-Paul's-Kathedrale herum. Szenen der »Stillen Stadt«.

Beinah jeder Rundgang durch die Gassen endet vor dem kleinen Café »Fontanella«, dessen Terrasse wie ein Adlernest auf der Mauerkrone thront. Der Blick schweift über die weite Ebene in Richtung Valletta. Von hier aus läßt sich schier endlos nach »heranrückenden Feinden« Ausschau halten – natürlich ganz zeitgemäß bei einem Stück Schokoladenkuchen und einer Tasse Tee.

Licht und Schatten in einer Altstadtgasse von Mdina.

Vorhergehende Doppelseite:
Beste Verteidigungslage – die Altstadt von Mdina thront stolz und wehrhaft auf dem Dingli-Plateau.

Und noch ein Schattenspiel: Ein Karrozzini wartet vor der Kathedrale St. Peter und Paul auf Kundschaft.

Nur keine Hektik: Auf der Mauerkrone von Mdina läßt sich schier endlos nach »heranrückenden Feinden« Ausschau halten.

Aus dieser Kanone wird schon lange nicht mehr gefeuert: junge Malteserinnen vor der Kathedrale St. Peter und Paul.

In irgendeinem stillen Winkel wird fleißig gearbeitet:
Madonnenschnitzer in Mdina.

Zwischen Heldentum und Dolce vita
Die Soldatenmönche des Johanniterordens

Johanniterorden, Malteserkreuz – da fällt manchem zunächst nur der karitative Hilfsdienst oder vielleicht ein hochprozentiger Schnaps ein. Aber zum Glück sind Malta und die Hauptstadt Valletta bestens geeignet, solche Wissenslücken aufzufüllen.

Der »Ritterliche Orden des Heiligen Johannes vom Spital in Jerusalem«, so der offizielle geistliche Ordensname, war über die Stationen Jerusalem, Zypern und Rhodos im Jahre 1530 nach Malta gekommen. Kaiser Karl V. hatte den Rittern für die symbolische Lehensleistung eines Malteser Falken großzügig das verdorrte Eiland im Mittelmeer überlassen. Ob der Kaiser seinen Falken jemals wirklich bekommen hat, ist zwar unbekannt, doch so erfährt man immerhin, daß es wohl früher auf Malta wild lebende Raubvögel gegeben haben muß.

Da die tapferen Ritter auf Rhodos von den Türken kräftig Prügel bezogen hatten, bauten sie nach ihrer Ankunft auf Malta zunächst die Stadt Birgu und später auch Valletta zu mächtigen Festungen aus. Die Ritter selbst waren dabei keine Kinder von Traurigkeit. Der Orden hatte sich zwar ursprünglich die Pflege kranker Pilger zur Aufgabe gemacht, doch schon bald mischten die Johanniter auch auf den Schlachtfeldern kräftig mit. Aus den frommen Brüdern wurden Soldatenmönche, »milites Christi«.

Nach dem endgültigen Sieg über die türkischen Feinde fehlte den Rittern zunehmend ihre militärische Aufgabe. Die ehemals strengen Sitten des Ordens, der hierarchisch strukturiert war und von einem auf Lebenszeit gewählten Großmeister geführt wurde, verfielen mehr und mehr. Zwar waren die Soldatenmönche wie alle Mönche dem Armutsgelübde verpflichtet, doch das hielt die Johanniter nicht davon ab, ihre Festungen mit prachtvollen Palästen und Kirchen zu schmücken. Nach dem Motto »Paläste sind zum Feiern da« bestimmten fortan vorrangig Trinkgelage und Glücksspiel das Tagesgeschehen. So war gegen Ende des 18. Jahrhunderts denn auch keiner der ehemals mutigen Helden gewillt, seine angerostete Rüstung für den Krieg gegen den großen Napoleon Bonaparte anzulegen. Ausgerechnet der erste und einzige deutsche Großmeister, Ferdinand von Hompesch, mußte deshalb 1798 die Insel kampflos den französischen Truppen übergeben.

Die meisten Ritter waren ohnehin Franzosen, die keine Lust hatten, sich gegen ihre eigenen Landsleute in das Kampfgetümmel zu stürzen. Außer den Franzosen gab es noch sieben weitere Landsmannschaften innerhalb des Ritterordens, die analog zu ihren Sprachen in sogenannte »langues«, also Zungen, eingeteilt waren. Jede der acht Spitzen des Malteserkreuzes symbolisiert eine dieser acht Zungen. Die vier Grundbalken des Kreuzes stehen für die Rittertugenden Weisheit, Gerechtigkeit, Tapferkeit und Mäßigung. In Valletta besaß jede der acht »langues« eine eigene Herberge. Diese »Auberges« sind größtenteils noch heute erhalten.

Übrigens: Die Johanniter-Ritter gibt es immer noch. Nach ihrem Abzug von Malta versuchten sie vergebens, in Europa Fuß zu fassen. Später besannen sie sich wieder zunehmend auf ihre ursprüngliche Aufgabe, die Krankenpflege. Im Ersten Weltkrieg erntete der mittlerweile international tätige Orden große Anerkennung für die Versorgung der Kriegsverwundeten.

Seid gegrüßt, Touristen: Denkmal für den maltesischen Sozialisten Manwell Dimech vor der Auberge de Castille.

Längst vergessen und verwittert: Das alte Fort Ricasoli bewachte früher die Hafeneinfahrt zum Grand Harbour.

Symbol einer Insel: das Malteserkreuz des Johanniterordens.

Gozo und Comino
Die Nachbarn Kümmel & Co.

Endlich eine frische Brise. Das Deck der Fähre von Malta nach Gozo scheint im Sommer der einzige Ort zu sein, auf dem man der lähmenden Hitze, die sich wie ein schweres Leinentuch über die Landschaft gelegt hat, entgehen kann. Die zwanzigminütige Überfahrt bietet genügend Zeit, sich den Kopf einmal kräftig durchwehen zu lassen und etwas im Reiseführer zu stöbern. Bei ihren in der Regel eintägigen Ausflügen wollen die Touristen natürlich möglichst viel von Maltas kleiner, nur 67 Quadratkilometer großen Nachbarinsel entdecken. Und was sie in ihren Büchern lesen, läßt Vorfreude aufkommen: Vom grünen Paradies ist da die Rede, von üppiger, fruchtbarer Landschaft, von verschlafenen Dörfchen und von erholsamer Ruhe.

Man hat die ersten Zeilen kaum überflogen, da scheint die Küste Gozos schon zum Greifen nahe. Die runde, mächtige Kuppel der Kathedrale von Xewkija, ein paar Kirchturmspitzen und die Häuser der kleinen Ortschaften liegen wie auf einem Präsentierteller auf der Hochebene, die zum Meer hin steil abfällt. Noch ein kurzes Signal des Schiffshorns, dann läuft die Fähre in den kleinen Hafen von Mgarr ein. Gemächlich rollen die Autos aus dem Bauch des Schiffes, und schon rauscht man durch die ersten Dörfchen. Einige alte Frauen, die im Hauseingang sitzen und klöppeln, schauen kurz von ihrer Arbeit auf und blicken den Touristenwagen hinterher. An eine Hauswand hat jemand mit roten Buchstaben »Wir sind stolz auf Gozo. Wir sind stolz, hier zu leben« gepinselt. Ein patriotisches Bekenntnis, das man jedem Bewohner des kleinen Eilandes ohne Zögern abnimmt. Es sagt aber auch etwas über das Verhältnis der Gozitaner zu Malta aus. Nicht umsonst nennt man hier die Einwohner des wohlhabendsten Dorfes, des kleinen Ortes Nadur, auch etwas verächtlich die »Malteser«. Den Gozitanern war es schon immer ein Dorn im Auge, daß die reichen Malteser sich auf der kleinen, grünen Insel zwar ein Wochenendhäuschen leisteten, daß man aber ansonsten in den Regierungsstuben von Valletta der kleinen Nachbarin wenig Beachtung schenkte. Dies änderte sich erst im Jahre 1987, als Gozo einen eigenen Minister erhielt, der sogar mit einem nicht unerheblichen Etat ausgestattet wurde. Mit diesem Geld will man auf Gozo allerdings nicht die gleichen Tourismussünden begehen, wie sie auf Malta da und dort zu sehen sind. Im Gegenteil: Gozo will klein, aber fein bleiben, und so hält sich die Zahl der Hotels und Restaurants hier nach wie vor in Grenzen.

Auch die einlullende, so erholsame Stille und Ruhe der Dörfchen und Ortschaften hat Gozo bislang unbeschadet in das moderne Zeitalter hinübergerettet. Die Fahrt über Land scheint durch eine Welt zu führen, die dem Rest derselben rund 50 Jahre hinterherhinkt. Flache Tafelberge, die wie umgedrehte Riesenpuddings in der leicht gewellten Landschaft liegen, wechseln sich mit fruchtbaren Tälern ab, in denen Kartoffeln, Melonen, Zitronen, Äpfel und Nektarinen angebaut werden. Ein Garten Eden, ein kleines Paradies – zumindest im Frühjahr, denn im Sommer versieht auch auf Gozo die glühende Sonne ihr alles verdorrendes Werk.

Zum Glück gibt es genügend Möglichkeiten, bei allzugroßer Hitze irgendwo an der Küste in das erfrischende Naß des Mittelmeeres zu hüpfen. Und während man sich noch überlegt, wo denn wohl der nächste Strand sein könnte, ist die Landpartie mit dem Auto auch schon zu Ende. Die andere, westliche Seite der Insel ist erreicht. Hier verzaubert Gozo seine Besucher gleich mit drei Naturschönheiten: dem Azure Window, dem Fungus Rock und dem Inland Sea. Das Azure Window ist ein natürlicher, vom Meerwasser ausgewaschener Felsbogen, der seinem Namen alle Ehre macht. Durch das »Blaue Steinfenster« hindurch blickt man an schönen Tagen auf die Klippen der Steilküste. Im tintenblauen Wasser unterhalb des Azure Windows sieht man hin und wieder die grellbunten Neoprenanzüge einiger Taucher aufblitzen. Wenn jedoch der Wind etwas auffrischt, toben in dem gigantischen, etwa 30-40 Meter großen Loch die Elemente: Dann peitscht die weiße Gischt an den scharfkantigen Felsen empor, und im Sonnenlicht tanzen winzige Wasserpartikel wie wilde Kobolde umher.

Der Fungus Rock ein paar Meter vor der Küste scheint gegen die Winterstürme und die Brandung, die das Azure Window immer weiter aushöhlen, immun zu sein. Der mächtige Felsklotz trägt seinen Namen nicht von ungefähr. Auf ihm war einst eine weltbekannte Rarität zu finden, der berühmte »Fungus Gaulitanus«. Diesem Pilz sprachen die Ritter des Johanniterordens heilende Kräfte, speziell eine blutstillende Wirkung, zu – oder jedenfalls taten sie so. Denn in späteren Untersuchungen wurde festgestellt, daß die Wirkung des Superpilzes gleich Null war. Sei's drum – damals galt er als außerordentlich kostbar, und nur gekrönte Häupter erhielten gelegentlich kleine Mengen. Der Fungus Rock wurde Tag und Nacht bewacht. Pilzdieben drohte gar die Todesstrafe. Von einem Wachturm aus hatten die Ritter eine Seilbahn zu dem unzugänglichen Felsen gebaut, um die wertvolle Pflanze auch bei schwerer See erreichen zu können. Der Turm ist noch heute zu sehen.

Naturschauspiel Nummer drei ist der Inland Sea. Dieser kleine See ist durch einen natürlichen Tunnel mit dem Meer verbunden, so daß er immer mit frischem Wasser versorgt wird. Selbst bei hoher See ist er ein ideales Baderevier.

Das kann man auch von der Ramla Bay behaupten. Der sichelförmige, rot-gelbe Strand im Norden der Insel zählt zu den schönsten Küstenabschnitten auf Gozo und Malta. Direkt neben der Ramla Bay liegt die Kalypso-Grotte. Der Sage nach soll die verführerische Nymphe Kalypso den griechischen Helden Odysseus sieben Jahre lang hier festgehalten haben, nachdem er mit seinem Schiff auf Gozo gestrandet war.

Etwas weiter im Westen, bei Marsalforn, fallen dem Besucher einige schachbrettartig angeordnete Steinbecken auf. Hier wird noch von einigen wenigen Familien Salz geerntet. Die Xuerebs sind eine davon: Seit Generationen bestellen sie die rund drei dutzend Salzfelder. Erst nach 7 bis 8 Tagen ist das Wasser verdunstet, so daß das Salz nun mit einem kleinen Besen zusammengekratzt werden kann. Ein mühsames Geschäft, bis die kleinen weißen Salzberge schließlich in der Sonne glänzen. »Die Leute wissen die Qualität richtigen Meersalzes gar nicht mehr zu schätzen, obwohl es zum Kochen nichts Besseres gibt«, erzählt die Tochter der Familie. Sie

Von diesem idyllischen Anblick werden alle Gozobesucher begrüßt: die Hafenbucht von Mgarr.

will diesen Nebenerwerb, der nur ein paar lächerliche Cents pro Beutel einbringt, jedenfalls nicht weiterführen.

Die Salzfelder gab es auch schon im Mittelalter, als die Türken mal wieder einen ihrer gefürchteten Streifzüge unternahmen. Gozo wurde dabei nicht verschont; die Türken zerstörten bei ihrem Überfall die Zitadelle der damaligen Hauptstadt. Die Johanniter bauten sie wieder auf, und fortan mußten die Bewohner der Stadt jede Nacht innerhalb der Kastellmauern verbringen, um nicht den moslemischen Piraten als Sklaven in die Hände zu fallen. Erst 1637 verloren die Gozitaner ihr Muffensausen vor den Türken und siedelten wieder außerhalb der dicken Mauern. Die Besichtigung der Zitadelle in der heutigen Hauptstadt Victoria ist ein Muß: Die Besucher, die den Aufstieg hinauf zu der halbverfallenen Befestigungsanlage auf sich nehmen, werden mit einem atemberaubenden Ausblick auf Gozo belohnt. Über die unzähligen Flachdächer der Häuser von Victoria, auf denen die Wäsche zum Trocknen in der Sonne flattert, fällt der Blick auf ein Puzzlespiel aus Feldern, Wiesen und Äckern. Die ockerfarbenen Häuschen und Bauernhöfe verschmelzen beinah Ton in Ton mit der umliegenden Landschaft. Nur einige Kirchtürme setzen hier und da optische Landmarken.

Man mag sich kaum wieder lösen von Gozo; auf der Fähre zurück nach Malta hängt man noch in Gedanken dem Erlebten nach – und verpaßt vielleicht, daß das Schiff auf halber Strecke die Insel Comino passiert. Der Name heißt übersetzt soviel wie »Kümmel«, denn früher wuchsen auf dem Mini-Eiland Unmengen dieser Gewürzpflanze. Sonst ist Comino karg: Nur acht Einwohner, die Gäste eines Sporthotels und zwei Esel halten es hier das ganze Jahr über aus. Im Sommer pilgern allerdings unzählige Boote und Yachten zur »Blauen Lagune« auf Comino. Die geschützte Bucht mit dem beinah unwirklich grünen Wasser wirkt wie ein Swimmingpool von Mutter Natur. Während der sommerlichen »Boots-Rush-hour« ergattert man in der »Blauen Lagune« kaum noch ein Ankerplätzchen. Alle wollen in der zauberhaften Bucht einmal kurz der großen Hitze entgehen.

Das Azure Window im Kräftespiel der Elemente: Wenn der Wind auffrischt, peitscht die Gischt an die Felsen.

Vorhergehende Doppelseite: Die Zitadelle wacht noch immer, wenn es Nacht wird über den Dächern von Gozos Hauptstadt Victoria .

Der Salzanbau ist ein wenig ertragreiches Geschäft und wird auf Gozo nur noch von wenigen Familien betrieben.

Puzzlespiel aus Salz, Wasser und Stein: die Salzfelder im Westen von Marsalforn.

Sonnenbad unter den schützenden Augen einer Marienfigur: In der Ramla Bay ist jedoch nur in der Nebensaison so viel Platz auf dem roten Sand.

So läßt es sich aushalten: Von ihrem schattigen Plätzchen aus genießen Touristen den Blick auf die Xlendi Bay.

Das Licht geht, die Muße kommt: Sonnenuntergänge auf
Gozo sind ein Festival für stille Genießer.

Besser als Karneval und Konfettiparade
Maltas rauschende Festas

Anthony ist stolz wie Oskar. Er darf in diesem Jahr als einer von acht Männern die Heiligenfigur tragen. Der Umzug mit der Statue des San Publiju, des Schutzpatrons seiner Heimatstadt Floriana, ist der Höhepunkt der alljährlichen »Festa«, die für die Malteser wichtiger ist als Weihnachten und Ostern zusammen.

Schon seit Tagen haben Anthony und seine Bekannten die Straßen des kleinen Vorortes von Valletta mit bunten Wimpeln und Fähnchen geschmückt. Am Freitag haben die Feierlichkeiten mit einem Konzert der örtlichen Blaskapelle begonnen. Samstag abend ist Anthony auch spät in die Federn gekommen, und mit einem dicken Schädel dazu. Aber heute, am Sonntag abend, ist der Kater längst passé. Heute gilt es, die zentnerschwere Figur durch die Straßen zu tragen. Und alle, wirklich alle aus Floriana werden zuschauen.

Vor der mit bunten Lichtern geschmückten Kirche, die auch innen aufs feinste herausgeputzt ist, wächst die Menschenmenge unaufhörlich. Plötzlich lassen infernalisch laute Böllerschüsse die wenigen Touristen in der Menge unwillkürlich zusammenzucken. Die Kirchenglocken läuten, und vom Dach des Gotteshauses werden säckeweise Papierschnipsel heruntergeworfen. Nun endlich öffnet sich ganz langsam die breite Eingangspforte, und hinter dem Pfarrer bahnen sich die Männer mit der Heiligenfigur ihren Weg nach draußen. Ganz vorsichtig, im gleichmäßigen Wiegeschritt, einen Fuß vor den anderen setzend, tragen die acht Mannsbilder in den weißen Büßergewändern die Statue in das Abendlicht. Anthony verzerrt das Gesicht unter der zentnerschweren Last, aber auf diesen Augenblick hat er sein ganzes Leben gewartet. Die Menge klatscht und jubelt, die Böllerschüsse explodieren immer lauter und in kürzeren Abständen am Himmel.

Meter um Meter bahnen sich Anthony und seine »Leidensgenossen« den Weg durch die Menge. Je länger der Troß unterwegs ist, desto langsamer scheinen sie voranzukommen. Auf den Balkons der engen Straßen jubeln jung und alt dem Umzug zu, aus den geöffneten Fenstern werden unaufhörlich Papierfetzen geworfen. Floriana bebt, Anthony bebt. »Dagegen sind der Kölner Karnevalszug und die Konfettiparade von New York doch ein Leichenzug«, raunt ein deutscher Tourist sichtlich beeindruckt seiner Frau zu. Auf den letzten Metern übergeben Anthony und seine Kumpanen die vier Tragebalken großzügig anderen Männern des Ortes. Die lassen sich mit San Publiju auf den Schultern fotografieren, und nun scheint sich der Zug überhaupt nicht mehr vorwärts zu bewegen. Anthony steht derweil schon mit drei anderen »Büßern« an der Theke einer der Bars entlang des Prozessionsweges und genehmigt sich ein Schlückchen. Aber die letzten Meter zurück zur Kirche lassen sie sich nicht nehmen. Begleitet von einem faszinierenden Feuerwerk, tragen sie ihren Stadtpatron zurück an seinen Platz. Dort wird er stehen, bis zum nächsten Jahr, bis zur nächsten »Festa«. Anthony wird mit Sicherheit wieder dabeisein, wenn sie San Publiju durch die Straßen tragen. Jubelnd in der Menge, auf einem Balkon oder irgendwo in den Straßen.

Plackerei für den Glauben: Die zentnerschwere Heiligenfigur kostet so manchen Schweißtropfen.

Besser als jede Konfettiparade in New York: Festas auf Malta.

Links oben: Maltas Feuerwerker sind echte Künstler.
Rechts oben: Auch die Jugend ist bei der Festa mit Begeisterung dabei.
Links unten: Fahnen und Blaskapellen gehören zu jedem Festa-Umzug.
Rechts unten: Die Kirchen sind festlich illuminiert.

Die Ostküste
Geheimnisvolle Augen und ein Pool

Dutzende von Augenpaaren beobachten jeden Tag wachsam die Kaimauer von Marsaxlokk. Ihren weit aufgerissenen Lidern, dem stechenden Blick, scheint nichts zu entgehen. Sie werden nicht müde, sie zwinkern nicht, sie weinen nie. Und sie sind alle blind. Es sind Osirisaugen, benannt nach dem ägyptischen Gott des Nils und des Totenreichs. Diese Augen, links und rechts neben der Bugspitze, sollen die Fischer auf ihren Booten vor dem Bösen beschützen.

In Marsaxlokk kann man besonders viele Osirisaugen bewundern. Der kleine Ort an Maltas Ostküste ist ein Parade-Fischerdorf wie aus dem Bilderbuch der Tourismusmanager: Um die hufeisenförmige Bucht gruppiert sich eine Handvoll Häuschen, über denen die Kuppel der Dorfkirche thront. Im Hafen dümpelt eine Armada bunter Fischerboote, deren Rümpfe sich farbenfroh auf der glänzenden Wasseroberfläche widerspiegeln. Die »Luzzi«, so der maltesische Name der Boote, erscheinen so gepflegt, als würden sie eigens für die Touristen jeden Tag aufs neue frisch angepinselt. Auf der Kaimauer sitzen sonnengegerbte Fischer im Schneidersitz vor ihren Netzen. Mit ihren schwieligen Händen flicken sie Masche um Masche der schier endlosen Nylongeflechte. Im Hintergrund tuckern leise die Dieselmotoren einiger Schiffe vor sich hin, und eine Horde verlauster Dorfkatzen versucht, ein paar Fischreste abzustauben.

Marsaxlokk spielte übrigens auch mehrmals eine wichtige Rolle in der Geschichte der Insel: In der Bucht landeten die türkischen Truppen der großen Schlacht von 1565 sowie die Truppen Napoleons. Die sehenswerte historische Kulisse wäre beinah perfekt, würden da am Ende der Bucht nicht diese beiden häßlichen, rot-weißen Türme eines Heizkraftwerkes in den blauen maltesischen Himmel ragen. Doch auch Malta kommt eben nicht ohne Industrie über die Runden.

Eine der ältesten Branchen der Insel ist der Abbau des Globigerinenkalksteins. Dieser beigefarbene Stein, aus dem auf Malta beinah alle Bauwerke errichtet wurden, hat eine besondere Eigenschaft: Solange er nicht mit Luft in Berührung kommt, ist er feucht und weich. Erst an der Luft härtet er durch, bleibt jedoch trotzdem leicht zu bearbeiten, was die Steinmetzen vor allem beim Bau der reichverzierten Kirchenfassaden zu schätzen wußten. Wer einmal mit dem Fingernagel an den Steinen einer Hausmauer kratzt, wird es auch selbst feststellen können. Die Steinbrüche haben allerdings im Laufe der Jahrhunderte mit ihren kratertiefen Löchern unübersehbare Narben in der Landschaft hinterlassen.

Wer sich an der Kulisse von Marsaxlokk sattgesehen hat, sollte einmal Richtung Osten fahren, auf die andere Seite der Halbinsel Delimara. Dort liegt Peter's Pool. Dabei handelt es sich nicht etwa um einen gefälligen jungen Mann, der großzügig sein Schwimmbad der Allgemeinheit zur Verfügung gestellt hat. Peter's Pool ist vielmehr eine Felslandschaft, deren Steine im Laufe der Zeit vom Wasser glattgeschliffen wurden. Eine ideale, wenn auch harte Liegewiese für alle Sonnenanbeter, die in der Bucht ein Bad im azurblauen, glasklaren Wasser nehmen wollen. Kein Swimmingpool von Menschenhand könnte schöner sein!

Wasser, das glänzt wie Gold: ein einsames Fischerboot auf dem Weg hinaus aufs Meer.

Malta von seiner Schokoladenseite: Im kleinen Fischerhafen von Marsaxlokk dümpeln bunte Fischerboote im Wasser.

Echt cool men: zwei Straßenverkäufer auf dem Markt von Marsaxlokk mit ihren imaginären Badenixen.

Filigranarbeit für Leute mit Fingerspitzengefühl: Fischer beim Flicken ihrer Netze.

Reizvoller könnte kein Swimmingpool sein: Peter's Pool lädt Badefans und Sonnenanbeter ein.

Mystische Tempel
Eine Reise in die Steinzeit

Es war einmal – vor vielen tausend Jahren. Damals lebte auf Malta ein geheimnisvolles Volk. Es verehrte die Große Erdmutter. Ihr zu Ehren wurden in unzähligen Tempeln auf der Insel Tieropfer dargebracht. Obwohl dieses Steinzeitvolk nur die primitivsten Werkzeuge kannte, errichtete es seine Tempel aus bis zu 10 Meter langen und 57 Tonnen schweren Steinblöcken. Doch irgendwann verlieren sich die Spuren dieses Volkes in der unendlich langen Geschichte der Erde. Zurück blieben die Reste der Tempel und überdimensionale Figuren mit runden Hüften. Vielleicht die Hinterlassenschaften des rätselhaften und sagenumwobenen Atlantis?

Dies ist kein Märchen, sondern ein Stück maltesische Geschichte. Zwischen 4000 und 2500 vor Christus gab es auf der Insel im Mittelmeer eine steinzeitliche Kulturstufe. Sie hat an etwa 40 Stellen auf Malta einzigartige Überreste von Steintempeln hinterlassen, die noch heute einen Eindruck vom Leben dieses fremden Volkes vermitteln.

Die bedeutendsten Ausgrabungen alter Tempel sind Hagar Qim und Tarxien auf Malta sowie Ggantija auf Gozo. Auch heute noch strahlen die Tempelruinen eine ungeheure Faszination aus. Wie ist es den Menschen damals nur gelungen, diese schweren Steinblöcke zu transportieren und auch noch so ebenmäßig zu bearbeiten? Es scheint eher so, als hätte hier ein Riese mit Legosteinen gespielt.

Nur aus der Luft läßt sich erkennen, daß die Steinzeittempel aus mehreren runden Einzeltempeln bestehen, die sich zur Form eines Kleeblattes zusammensetzen. Wer sich etwas intensiver mit den Tempeln beschäftigt, wird lernen, in den Ruinen regelrecht zu »lesen«. Dann wird der Rundgang durch die Steinreste zu einem Streifzug durch die Geschichte. Da gibt es faustgroße Löcher an den Seiten der Blöcke, an denen eine Art Scharnier zum Schließen der Tempelräume angebracht war. Auf den kleinen Steinkugeln, die zum Teil vor den Haupteingängen liegen, wurden wahrscheinlich die Riesensteine an ihr Ziel transportiert. Die Altäre sind ebenfalls leicht zu erkennen: Damit das Blut der Opfertiere nicht auf den Boden floß, haben die Altarsteine am Rand einen kleinen Wulst.

Bei solchen Erzählungen des Reiseleiters läuft vielen Touristen ein Schauer über den Rücken. Oft reicht jedoch auch schon etwas Fantasie. Man schließt die Augen und sieht plötzlich Priesterinnen in langen, schwarzen Gewändern durch die Tempelhallen eilen. Monotoner Gebetsgesang erschallt und wird als Echo von den Wänden zurückgeworfen…

Schade, wenn der Reiseleiter gerade in solchen Augenblicken zur Weiterfahrt ruft und einen abrupt aus den Träumen reißt. Aber es gibt auf Malta noch so viele geheimnisvolle Spuren fremder Kulturen zu bewundern. Beispielsweise die aus der Bronzezeit stammenden »Cart-ruts«, wie man sie in der Felslandschaft bei den Dingli-Klippen oder auf Gozo findet. Diese Schienenspuren sollen die Reste eines alten landwirtschaftlichen Transportnetzes sein. Aber eigentlich tappen die Wissenschaftler bei ihren Erklärungen dafür weiterhin im dunkeln, denn mancherorts führen die alten, immer paarweise angeordneten Spuren direkt ins Meer. Kamen die Schöpfer der Cart-ruts also vielleicht gar aus Afrika?

Erst aus der Vogelperspektive offenbart sich die kleeblattartige Konstruktion des geheimnisvollen Steinzeittempels von Mnajdra.

Ein Rätsel der Geschichte: Wie wurden bloß damals diese riesigen Steinbrocken bewegt und bearbeitet?

Modelliert von Wind und Wasser: Der Blick auf die Steilküste macht süchtig.

Die Steilküste
Mit anderen Augen gesehen

Das Meer. Die Küste. Und eine Brise von See, salzig, mit einem Schuß Fernweh. Die Felsen, steil, unwirtlich, bedrohlich. Hier oben wir, da unten die Boote. Klein, unbedeutend, zerbrechlich auf den dunklen Wellen schaukelnd. Geschwindigkeit Zeitlupentempo.

Oben am Rand der Dingli Cliffs: scharfer Wind, aufgeblähte Jacken. Malteser in ihren Wagen. Sich am Unendlichen schwindelig sehen. Da hinten, am blauen Streifen zwischen See und Himmel: Afrika, Sizilien oder gar Atlantis? Und im Hinterland: Klatschmohnfelder, Löwenzahnwiesen, wilder Thymian mit betörendem Geruch. Kniehohes Gras, das im Takt des Windes langsam Walzer tanzt. Dazwischen Erde. Nackt, rostbraun, fruchtbar – mühsam von Steinen befreit und von kleinen Mauern umgrenzt. Schicht für Schicht aufeinandergesetzt. Ein unsicherer, wackeliger Schutz vor den Elementen. Daneben Kakteenwälle, grün, stachelig, genügsam.

Die Steilküste im Süden Maltas: wie ein Tortenstück. Oben braun-beige wie Nougatcreme. Dekoriert mit einigen Häuschen. Am Rande die Klippen. Weiß, wie mit dem Messer abgeschnitten. Hell wie Schlagrahm, ein Sahnestück von Mutter Natur – und das auf Malta, dem kargen Brotkrümel im weiten Mittelmeer. Weiter im Osten: die »Blaue Grotte«. Lichtoper aus Sonne, Algen und Wasser. Sinfonie der Farben. Dünn und hell morgens der Lichtstrahl – und dann Blau: Hellblau, Dunkelblau, Meerblau, Himmelblau, oben, unten, überall. Ein Touristenspektakel? Nein, einfach Natur. Schön, zeitlos, jahrtausendealt.

Die Steilküste, die Grotte. Zwei Spektakel Maltas. Die anderen Spektakel: scheu, oft gar nicht spektakulär. Manchmal gar unsichtbar, nur für Liebhaber erkennbar. Wie für Dun Karm, den maltesischen Schriftsteller (1871-1961):

»Doch kein anderes Land liebe ich so sehr wie dich, mein Malta,
Denn nur du bist meine Mutter, nur du gabst mir einen Namen,
Deine Knochen stützen mich, dein Blut ist in mir.
Kein Land ist so groß wie du, mag dein Umriß auch klein sein,
Du bist groß an Geist und an Körper,
Um deine Schönheit beneidet dich manch mächt'ges Land.«

Vom Wachturm zwischen der Golden Bay und der Ghajn Tuffieha Bay hält man heute vergeblich nach heranrückenden Piraten Ausschau.

Ein Sahnestück von Mutter Natur: Die Steilküste gibt sich schroff, unwirtlich und doch bezaubernd.

Mühsames Touristengeschäft: Die kleinen Ausflugsboote zur »Blauen Grotte« werden über Stufen zum Meer hinabgelassen.

Vorhergehende Doppelseite: Von wegen Malta ist nur karg! Im Frühjahr färbt der Klatschmohn die Felder blutrot.

So viel Zeit muß sein: maltesisches Siesta-Nickerchen.

Karte: Sebastian Schrank, München
Satz: Buch-Werkstatt GmbH, Bad Aibling
Lithographie: Repro Simon, Rosenheim
Druck und Bindung: Interdruck, Leipzig

ISBN 3-475-52818-5